U0025009

情緒魔法豆

不快樂也沒關係

徐宥希 著 ＼ 孫無蔚 繪

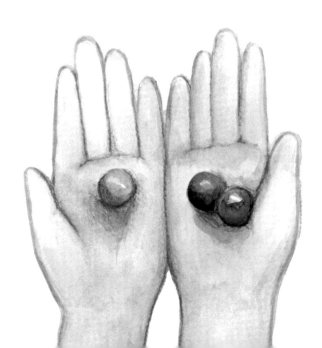

作者簡介

徐宥希

編劇、繪本作家、短篇小說家
想透過文字與故事，
讓大家擁有一雙用美好角度看世界的眼睛。

「無論是大人或是小孩，心裡那份純真永遠都在。
擁抱有好好長大的自己，擁抱正在長大的小小心靈。」

孫無蔚

出生於花蓮，與許多喜歡畫畫的創作者相同，因為愛畫畫，希望可以透過自己的插畫傳達不同的感受及故事給讀者。在輔大影像傳播學系畢業後開始投入插畫及平面設計等領域，現為全國兒童美語月刊合作畫家、Bird & Fish 畫室教師、泳荃設計工作室設計師。

4

小芝出生時，
媽媽給了她三顆魔法豆子，
分別是「快樂豆」
「傷心豆」與「憤怒豆」。

媽媽告訴小芝，每當她開心的時候，
快樂豆便會長大一點，
發芽結果後就可以嘗到甜美的果實，

並規定小芝，
不能讓傷心豆和憤怒豆成長，
否則便是不乖的孩子。

小芝長大了，快樂豆已經長成一棵小樹，
她每天都努力開心著，想做好乖孩子。

有一天，小芝帶著快樂豆去學校
與同學分享，她的樹苗是最高
最茂密的，大家都很羨慕。

因此，班上的惡霸胖迪故意破壞小芝的快樂樹。

小芝發現後第一次有了憤怒的情緒，卻不知道該如何控制。

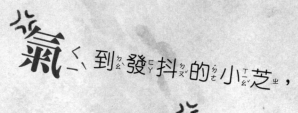

氣ㄑㄧˋ到ㄉㄠˋ發ㄈㄚ抖ㄉㄡˇ的ㄉㄜ小ㄒㄧㄠˇ芝ㄓ，

把ㄅㄚˇ胖ㄆㄤˋ迪ㄉㄧˊ的ㄉㄜ書ㄕㄨ包ㄅㄠ丟ㄉㄧㄡ進ㄐㄧㄣˋ水ㄕㄨㄟˇ裡ㄌㄧˇ，

全ㄑㄩㄢˊ部ㄅㄨˋ的ㄉㄜ書ㄕㄨ本ㄅㄣˇ都ㄉㄡ壞ㄏㄨㄞˋ掉ㄉㄧㄠˋ了ㄌㄜ，胖ㄆㄤˋ迪ㄉㄧˊ氣ㄑㄧˋ得ㄉㄜ大ㄉㄚˋ哭ㄎㄨ。

小芝被罰站在走廊上，大家都在看她。

小芝流下了眼淚，

卻不知道是悲傷，

以為自己生病了，
哭得更傷心了。

回到家以後，
小芝發現她的傷心豆和憤怒豆
都已經結出小果實了，

自己再也不是
乖孩子了。

隔天，老師帶著胖迪跟小芝道歉，
看到小芝
悶悶不樂 。

老師得知小芝的心事後說，
「生氣和傷心都是一定存在的情緒，不必
特別排斥，只要找到排解的方式就好，因
為有這些情緒存在，人生才更加豐富呀。」

「我就算生氣，
　也不是**壞**孩子嗎？」

「老師也會生氣啊，
　我也不是壞孩子。
　傷心就流眼淚吧，
　眼淚會讓妳變得更堅強的。」

24

當小芝又感受到生氣的情緒，
她會關上房門打開吵鬧的音樂**跳舞**。

她ㄊㄚ會ㄏㄨㄟˋ趁ㄔㄣˋ四ㄙˋ下ㄒㄧㄚˋ無ㄨˊ人ㄖㄣˊ的ㄉㄜ˙時ㄕˊ候ㄏㄡˋ
打ㄉㄚˇ開ㄎㄞ窗ㄔㄨㄤ戶ㄏㄨˋ大ㄉㄚˋ喊ㄏㄢˇ。

她ㄊㄚ曾ㄘㄥ大ㄉㄚˋ喝ㄏㄜ特ㄊㄜˋ喝ㄏㄜ白ㄅㄞˊ開ㄎㄞ水ㄕㄨㄟˇ，

把ㄅㄚ自ㄗˋ己ㄐㄧˇ灌ㄍㄨㄢˋ成ㄔㄥˊ一ㄧ顆ㄎㄜ水ㄕㄨㄟˇ球ㄑㄧㄡˊ。

她 感ㄍㄢˇ 到ㄉㄠˋ **傷ㄕㄤ 心ㄒㄧㄣ** 的ㄉㄜ˙ 情ㄑㄧㄥˊ 緒ㄒㄩˋ 時ㄕˊ，

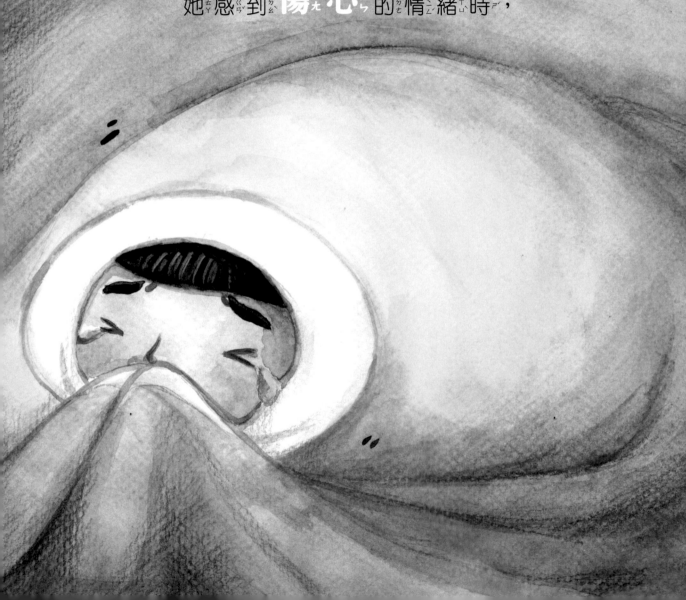

她會在筆記本上塗鴉。

她會躲在棉被裡大哭。

她ㄊㄚ會ㄏㄨㄟˋ把ㄅㄚˇ傷ㄕㄤ心ㄒㄧㄣ藏ㄘㄤˊ進ㄐㄧㄣˋ紙ㄓˇ飛ㄈㄟ機ㄐㄧ，

往ㄨㄤˇ天ㄊㄧㄢ空ㄎㄨㄥ發ㄈㄚ射ㄕㄜˋ出ㄔㄨ去ㄑㄩˋ。

只ㄓˇ要ㄠˋ不ㄅㄨˋ影ㄧㄥˇ響ㄒㄧㄤ他ㄊㄚ人ㄖㄣˊ，
適ㄕˋ當ㄉㄤ的ㄉㄜ發ㄈㄚ洩ㄒㄧㄝˋ有ㄧㄡˇ益ㄧˋ身ㄕㄣ心ㄒㄧㄣ健ㄐㄧㄢˋ康ㄎㄤ，
傷ㄕㄤ心ㄒㄧㄣ跟ㄍㄣ生ㄕㄥ氣ㄑㄧˋ一ㄧˋ點ㄉㄧㄢˇ都ㄉㄡ不ㄅㄨˋ可ㄎㄜˇ怕ㄆㄚˋ了ㄌㄜ！

小芝吃了傷心豆和
憤怒豆樹上的果實，
發現味道一樣好，
只是不同

口味

罷了。

從此，小芝的三棵豆樹
長得又高又好，

無論是笑還是哭，小芝都特別用力。
因為有了喜怒哀樂，世界有了更多記憶。

兒童寓言 13　PG2688

情緒魔法豆 不快樂也沒關係

作者／徐宥希 著
繪者／孫無蔚 繪
責任編輯／喬齊安
圖文排版／吳咏潔
封面設計／吳咏潔

出版策劃／秀威少年
製作發行／秀威資訊科技股份有限公司
114 台北市內湖區瑞光路76巷65號1樓
電話：+886-2-2796-3638
傳真：+886-2-2796-1377
服務信箱：service@showwe.com.tw
http://www.showwe.com.tw

郵政劃撥／19563868
戶名：秀威資訊科技股份有限公司
展售門市／國家書店【松江門市】
104 台北市中山區松江路209號1樓
電話：+886-2-2518-0207

傳真：+886-2-2518-0778
網路訂購／秀威網路書店：https://store.showwe.tw
　　　　　國家網路書店：https://www.govbooks.com.tw
法律顧問／毛國樑　律師

總經銷／聯寶國際文化事業有限公司
地址：221新北市汐止區康寧街169巷27號8樓
電話：+886-2-2695-4083
傳真：+886-2-2695-4087

出版日期／2022年9月　BOD一版　定價／300元
ISBN／978-626-96349-1-0

讀者回函卡

秀威少年
SHOWWE YOUNG

國家圖書館出版品預行編目(CIP)資料

情緒魔法豆：不快樂也沒關係/徐宥希著；
孫無蔚繪. -- 一版. -- 臺北市：秀威少年, 2022.09
　　面；　公分. -- (兒童·寓言；13)
BOD版
注音版
ISBN 978-626-96349-1-0(平裝)

1.CST: 情緒教育 2.CST: 生活教育

528.33　　　　　　　　　　　　111011352

「好傷心，但大人總叫我不准哭，**我只好忍耐。**」

「好生氣，但大人叫我不要耍脾氣，**我只好忍耐。**」

一昧的忍住這些壞心情，而沒有學會排解的話，到底會招致多大的後果呢？

有一天，小芝收到了可愛的小豆苗，裡面充滿著許許多多的快樂與悲傷，

如果時常快樂，便會長出快樂的果子；如果悲傷，便會長出悲傷的果實，

為了避免負面情緒，小芝學到了怎麼掌握喜怒哀樂的方法……

★以可愛且親切的繪本故事，帶您的孩子了解「快樂」與「悲傷」的心情是怎麼一回事。

★調解情緒需要您正確的教育方式，引導孩子說出內心話，讓爸媽第一次共讀就上手。

★幫助您的孩子學習如何因應人際關係相處，正確調適負面情緒快樂成長！

ISBN 978-626-96349-1-0

9 786269 634910   00300

建議分類　繪本

適讀年齡：
有注音，5歲以下親子共讀，
5歲以上自行閱讀。